AF399710

L'Amour

S'aimer soit

Aimer autrui

En vain.

Seconde après seconde

Minute après minute

Tu restes, tu ne veux pas prendre la porte

Elle t'a offert sa clé

Pourtant tu restes, immobile, m'écoutant.

La nôtre n'est plus à nous

Ma clé reste tienne

Quant à la tienne, est-elle devenue sienne ?

Pas de réponses

Des suppositions seulement

Basées sur des photos et des on-dit

Penses-tu encore à nous ?

Un silence

Et quelques regards de pitié en guise de réponses

Je pense avoir compris

T'aimer en vain m'a fissuré

La porte s'ouvre et tu la passes enfin

Ce n'est pas toi qui l'as ouverte

C'est bien elle

Muni de ta clé

Tu la regardes et passes la porte allant vers elle
Me laissant derrière tes pas
Gisante
T'ayant hurlé de t'en aller
Malgré ça, je t'aperçois la glisser dans ta poche
Te voici sorti de mon cœur
Après t'être muni de sa clé

Le soleil s'est couché

Il est tard et pourtant me voici

Au bar

Espérant me noyer dans mes verres et non dans

mes larmes

Je ne te vois pas

J'aimerais t'y voir

En face de moi à boire ta bière

Tout en te disant de n'en boire qu'une seule

Me voici ici

A m'enfiler des litres de bière

Qui suis-je devenue ?

« Tu as changé » me disait-il

Avait-il raison ?

Comment savoir

En lui reposant la question ?

Il n'y a que son avis qui compte

À présent il n'est plus

Et il ne sera plus

Face à moi, bière à la main

Ton déo

Ta casquette

Ton pull

Ton tee-shirt

Cette peluche

Tu m'as tout laissé.

La casquette

Les bracelets

Mon cœur

Tu as tout gardé.

Les souvenirs

Les photos

Nos rires

Mes sentiments

Tout est resté.

Rien de ça n'a disparu.

Pourtant, si tu savais ô combien j'ai souhaité que

ça disparaisse

Pensant que ça atténuerait la douleur

J'en ai vu d'autres

Aucun comme toi

Cela te fait-il si mal à toi aussi ?

Ou la douleur est-elle déjà loin pour toi ?

Je doute de tout

J'ai douté de toi
Peu méfiante mais si douteuse
La douleur m'empare
Pendant que tes bras s'emparent de son corps
chaud
Quant au mien
Il se meurt sans tes bras
Mon cœur te réclame encore parfois
Quand la solitude frappe à sa porte
Et lui rappelle que la clé n'est plus mienne
Elle n'appartient à personne d'autre que toi.

J'ai mal
La douleur n'est pas qu'interne
Elle empare physiquement chaque partie de moi
Me colle à la peau
Comme tes lèvres me collaient avant
Comme si intérieurement les plaies ne s'étaient
toujours pas refermées
Comme si mon cerveau, qui lui avait toute
conscience de la situation,
Essayait pour ne plus subir ces douleurs de les
envoyer directement à mon corps
Mal-être incessant.

Que dirait-elle si elle me voyait m'endormir tous
les soirs avec ton pull ?
Éprouverait-elle de la haine ou de la pitié ?
La façon dont je parle encore de toi
La manière dont je préserve nos souvenirs
Indique parfaitement ma façon de ressentir notre
rupture.
Et par ce fait, d'ignorer ta nouvelle histoire
Comme si tu la vivais dans l'ombre
Alors que tu l'assumes pleinement.
Tes amis doivent l'apprécier n'est-ce pas ?
Elle rentre beaucoup plus dans les codes que
moi.
Je ne suis pas jalouse d'elle,
J'envie uniquement sa place.
Pas jalouse de la personne qu'elle est,
Mais envieuse de l'amour que tu lui portes.
Envieuse de ce que vous avez,
Que l'on avait avant.

28 juillet

Tu m'as demandé ce que nous étions l'un pour l'autre

Je te disais jusqu'à présent que je ne voulais pas de relation

Uniquement passer de bons moments à tes côtés

Et ceux des autres

Tu n'étais pas le seul

Tu l'as accepté

Je ne te devais rien

Puis j'ai rigolé en te disant de me dire en premier comment tu me considérais

J'ai vu à ton visage

Entendu à ta voix

Que tu étais très sérieux

Et attendais une certaine réponse de ma part

Tu avais de grosses attentes envers moi

J'ai pris une décision ce jour-là

J'ai répondu à tes attentes comme tu le souhaitais depuis 1 mois

Certains diront que c'est allé trop vite

Hélas

Nous sommes jeunes

Rien ne dure

Et les exceptions à ce sujet se font rares
Je t'ai dit que je nous considérais couple
Tu me l'as confirmé
Ce jour-ci
J'ai compris à tes yeux que tu m'avais attendu
sans me brusquer
Attendu que cela vienne de moi
Comme si tu n'avais pas pu aller ailleurs
Tester une toute autre saveur
J'étais celle que tu voulais
Ce n'était pas mon cas au départ
Et je t'ai longtemps traité tel une option
Aujourd'hui j'aimerais lever mon verre
Ou plutôt ma bouteille
Au 28 juillet
Pour me rappeler qu'un jour
Tu m'as considéré comme l'être aimé.

Tu étais la première personne à devoir m'aimer,
En grandissant
J'ai réalisé que tu m'avais toujours manipulée.
Juste après m'avoir disputée,
Ou bien lorsque tu me reprochais d'avoir fini un
paquet de gâteaux auxquels je n'avais même pas
touché,
Sans essayer de même me demander mon avis
Sans jamais me demander ma version des faits,
Lorsque je m'enfermais dans ma chambre pour
pleurer,
Tu venais me dire que tu m'aimais.
Juste après m'avoir pris mon innocence de force,
Croyant que c'était quelque chose de normal
venant de l'être qui disait m'aimer le plus au
monde
Me dire que tu n'étais pas toi-même à cause de
l'alcool.
Juste après les coups et les propos discriminants
à mon sujet,
Me dire que tu ne recommencerais plus
Évidemment sans jamais t'arrêter.
Après avoir fini cette bouteille de rhum ou
encore celle de whisky

Puant l'alcool,
Je ne voulais pas te parler.
Ton odeur me dégoûtait et m'effrayait
Et c'est toujours le cas.
Petite et naïve,
Je pensais évidemment que c'était ça l'amour.
En grandissant,
Beaucoup ont compris que j'avais cette vision
violente et rabaissante de l'amour.
Et ils ont joué de ça afin de me manipuler.
Aujourd'hui, me voici
Face au monde
Ayant appris
Ayant compris
Je suis toujours là,
Je suis survivante
D'une guerre contre toi
Qui dit m'aimer plus que tout
Mais qui chaque fois essaie de piétiner le bon en
moi
Afin de t'auto-satisfaire
Et dire que de toute façon j'étais comme lui
Exactement comme mon père.

Il est tard.

Je devrais déjà dormir.

Si tu me voyais,

Tu me crierais dessus en me disant d'aller
dormir et d'arrêter d'être sans cesse sur mon
téléphone.

Sans te douter que je défoule ma haine et mes
peines dans mes notes.

Tout ça sous forme de poèmes.

Mais ça, tu ne comprendras jamais, n'est-ce pas
?

À tes yeux,

J'ai toujours été une menteuse.

Lorsque je pleure,

Tu me traites de menteuse.

Lorsque je fais une crise d'angoisse,

Tu rigoles et me dis d'aller m'acheter une bière.

Pendant ces 4 mois où je n'arrivais plus à
manger ni boire d'eau sans vomir,

Que je restais toute la journée au lit sans dormir,

Après avoir fait tous les examens possibles, sans
jamais rien trouver,

Tu continuais à me dire que je mentais, que je
n'avais rien.

Puis un beau jour,

Je t'ai hurlé d'appeler les urgences.

Nous nous étions beaucoup disputés à ce sujet.

Tu me disais à chaque fois que ça ne servirait à
rien.

Pourtant, en y allant, j'y suis restée 6h,

Ils comptaient même me garder la nuit pour
étudier mon cas.

Là-bas,

J'ai été diagnostiquée d'anxiété et de dépression.

Prescription de Xanax,

À seulement 15 ans.

Mais ça ne t'a toujours pas suffi.

Encore aujourd'hui,

Chaque fois que je te dis quelque chose,

Cela recommence,

Tu me traites de menteuse,

Me dis que mes ressentis sont exagérés.

Chaque fois que je pleure

Ou que j'essaie d'avoir une discussion avec toi,

Tu t'énerves,

Tu ne me laisses pas parler

Et me punis.

Sans jamais essayer de me comprendre.

Pourtant, je reste.
Je pourrais te laisser,
Comme papa,
Comme mes beaux-pères,
Ou comme ta sœur.
Mais je reste,
Parce que sans moi, tu es seule.
Pourtant, tu me détruis,
Tu ne sais ni m'écouter ni m'aider.
Tout le monde te le répète,
De te calmer,
D'aller consulter,
Mais à tes yeux,
Je reste la menteuse.

La folie destructrice.

8 février

Je suis retournée voir une psy.

J'avais oublié cette sensation étrange.

Une fois que tu dévoiles la totalité de tes
traumatismes,

Qu'il y a ce silence,

Pendant qu'elle note et que tu t'arrêtes de parler,

Que tu regardes son cahier

Et réalises qu'elle vient de résumer ton état
mental sur quelques feuilles.

À chaque chose que je dévoilais de moi,

Ses expressions du visage changeaient de plus
en plus.

Chaque problème a sa source,

Sa nature,

Et c'est ce que je lui ai expliqué.

Je connais la nature,

La source de mes problèmes.

Je sais d'où tout provient.

Je me connais mieux que quiconque.

J'ai étudié mon état mental avec assiduité.

Je veux uniquement des solutions.

Ce sont les seules choses dont j'ai besoin.

Comment contrôler mes émotions ?

Lorsqu'elles font de moi leur marionnette ?
Comment être moins exigeante avec moi-même,
Au niveau des notes
Comme de tout autre type de tâche ?
Tout ce qu'elle m'a répondue
Était que ça devait être un travail personnel.
Ce qu'elle n'avait pas l'air de comprendre,
Était que ce travail personnel,
J'essayais de le faire depuis bien longtemps.
Malgré les insomnies,
Malgré les professionnels,
Ni moi,
Ni eux,
N'avons trouvé de solutions,
Mise à part me prescrire des anxiolytiques,
Ce qui stoppe toutes mes pensées.
Je ne pense pas qu'il y ait de solution miracle à
un mal-être.
La psy m'a dit
Qu'il y aurait toujours un peu de mon moi
d'avant qui referait surface
Lorsque j'aurais assez travaillé sur moi-même
pour trouver le bon mode de fonctionnement.

En espérant que chaque personne qui lise ça
Trouve son bon mode d'emploi.

Me voici dans mon bain,

L'eau brûlante que j'y ai fait couler

Me brûle

Et m'apaise.

Cette eau,

Je ne l'apprécie pas en temps habituel,

Mais je suis malade,

J'en suis obligée.

Se vider l'esprit,

M'apaiser avec le calme de cette seule pièce

isolée de ma maison.

Mon remède,

Douche ou bain,

Qu'importe.

Ici, personne pour me dire quoi faire,

Uniquement moi,

Face à l'eau.

Minuit et quart.

Je veux sortir.

Je commence à être lassée de cette eau.

Elle devient froide.

Je n'aime pas les bains.

L'eau refroidit.

Elle a fait son temps.

Je pourrais rajouter de l'eau chaude,
Mais ça ne ferait que ralentir le processus.
L'eau finirait par redevenir froide.
Elle ne restera pas éternellement à la même
température.
Pourtant, j'aimerais.
Mais si c'était le cas,
Ou du moins si c'était en mon pouvoir,
J'y resterais toute ma vie.
Ici, plus rien ne compte.
Ici, me voilà seule.

L'amour
Et
La solitude choisie.

Sur la plage,
Il fait froid,
Et il commence même à se faire tard,
Mais je reste,
Avec toi.
Étrangement,
Je me sens bien,
Un bien-être particulier,
Réconfortant.
Un bien-être que je n'avais pas ressenti depuis
longtemps,
Et que j'avais peur de ressentir à nouveau,
Parce que lorsqu'il prend place,
La souffrance qui le suit est aussi intense que le
bien qu'elle a attribué à mon cœur.
Je réfléchis trop,
Mais j'ai peur,
Et je paniquerai à la moindre information qui me
semblera louche.
J'espère que tu comprendras vite,
Et que tu t'adapteras à mon mode de
fonctionnement.
Même si j'essaie de le changer parce que je
connais mes failles,

J'espère tout au moins que tu n'en profiteras pas
comme eux.
J'espère au fond
Que cette fois-ci,
L'un d'eux,
Ne sera pas eux.

Me voici à la gare,

Voyant le train arriver,

L'approchant,

Afin de monter et de rentrer chez moi.

Puis instinctivement,

Je tourne la tête,

Je sens qu'on me regarde,

À travers la vitre du train,

Je te vois.

Tu me regardais déjà.

Au moment où j'ai posé les yeux sur toi,

J'ai fixé ton visage,

Tu as fait de même,

Pendant 10 secondes.

Je suis restée immobile.

Tu tournas alors le regard,

Baisse les yeux vers le sol,

Te sentant probablement encore coupable.

Dans l'ombre,

Toute la rage enfouie en moi ces dernières
années est ressortie,

Comme si tu venais de le refaire.

Je te déteste à nouveau.

Je rentre dans le train,

Décide de m'asseoir au siège de la rangée juste
devant toi,
Me suis assise d'un air énervé et brusque.
Si tu avais prononcé ne serait-ce un seul mot à
mon égard,
Je t'aurais sauté à la gorge immédiatement.
Tu as pris, il y a bientôt 3 ans,
Une partie de moi,
Et as laissé une partie de toi en moi,
Sur ma peau.
Je ressens encore ton odeur,
De chien affamé,
Étant pourtant censé être mon ami,
Me coincer derrière ce mur,
Derrière cet escalier,
Ou encore me plaquer contre le sol,
Me bloquer les poignets,
Mettre ta main sur ma bouche,
Et me supplier de me taire.
Rien que tes yeux me rappellent ces visions
d'horreur.
Les larmes me montent.
Le trajet semblait durer une éternité.
Tout me revenait.

Cette façon de sourire en me regardant pleurer,
Tes mains chaudes et moites tenant mes
poignets.
Tu descendis du train un arrêt avant moi.
La peur,
L'effroi,
Partit avec,
Mais les souvenirs, eux,
Referont surface à n'importe quel détail
Qui me rappellera tes actes,
Auxquels tu ne t'es jamais excusé,
Ni toi,
Ni ton meilleur ami,
Coupable aussi de ces crimes,
Et lui-même pire,
De mon meurtre intérieur.

Les agressions sexuelles.

J'avais oublié cette sensation étrange
De ne pas aller à un rendez-vous de psy,
Sans prévenir.
Au début, on ne se sent pas coupable,
Puis en repensant à ses problèmes,
On se dit que l'on devrait reprendre rendez-vous,
Ou au moins rappeler pour expliquer pourquoi
nous n'y sommes pas allés.
Mais non.
Je répète le même schéma qu'avec mon
ancienne psy.
Plus de nouvelles.
Je laisse un peu de moi dans son bureau,
Puis je pars quand j'en ai un peu trop dit.
Je dis que j'ai la flemme d'y retourner,
En réalité, c'est de la peur,
De la méfiance,
Car comment peut-on écouter tous mes
problèmes,
Me comprendre et me croire ?
Sans que je donne des preuves de tout ce que je
raconte,
Cela me semble faux,
Hypocrite,

Alors je prends la fuite.

La méfiance.

Je me sens toujours obligée
De pousser les gens aux bouts de leurs limites,
Pour voir jusqu'où ils vont rester.
Jusqu'à quand vont-ils tenir ?
Insupportable attitude.
Je me hais,
Mon propre ennemi.
Me voilà.
Relations amoureuses et amicales,
Ou même moi-même.
Bien-être ou nourriture,
Toujours poussé à l'extrême,
Aux dangers,
À la collision.
Jusqu'où vont-ils tenir ?
Jusqu'où vais-je tenir ?
Survivra-t-on ?
Vous,
Moi,
Les relations que nous entretenons,
Ou juste mon état mental laissé sur le tapis,
Jamais ramassé pour être recollé.
Me voici,
Me relever seule,

Encore.

Je voyais à ton visage,
Entendais à ta voix,
Que quelque chose n'allait pas.
Tu ne voulais pas parler,
Je t'ai donc proposé une pause,
Pour notre bien-être individuel.
Tu n'avais aucun argument à part,
« Je sais pas quoi dire ».
Puis tu as pleuré.
J'ai essayé de te changer les idées,
Puis j'ai vu que cette fille dont je me méfie
depuis que tu la connais,
T'envoyait beaucoup de messages.
Tu ne voulais pas les ouvrir devant moi et tu
semblais nerveux.
Évidemment, ça cachait le pire.
J'avais espoir.
Et j'ai vu,
Les messages,
Les photos,
Les vidéos…
Tu étais froid et énervé avec moi,
Mais souriant avec elle,
Enlacé au cinéma,

Tous les deux.
Nous nous sommes disputés.
Tu as pleuré.
Tu as voulu partir.
Je t'ai retenu.
Nous nous sommes re-disputés.
Toute l'après-midi ce fut comme ça.
Tu as claqué les portes de ma maison.
Tu m'as hurlé dessus dans la rue.
J'ai fini par pleurer et me taire.
Et c'est seulement à ce moment-là que tu t'es
adouci,
Que tu as arrêté de crier et d'être froid,
Et que tu es redevenu comme au début.

La trahison

Les gâteaux dans les placards ne bougent pas,
Toujours à la même place.
Je les regarde.
Si je m'approche trop près d'eux,
Du dégoût me viendra.
Je le sais.
Je le sens.
Je l'anticipe.
Et j'en ai peur.
Je préfère faire demi-tour,
Vers le frigo.
Prenant à la place,
Une bouteille d'eau,
Quitte à la finir.
Il vaut mieux,
Que de prendre les gâteaux du placard,
Les fameux,
Les redoutés,
Ceux qui me faisaient envie avant,
Et qui à présent me dégoûtent à la vue.
Trop dur de manger quoi que ce soit.
28h sans manger après tout, dans une vie, est-ce
si grave ?
Si je n'en ressens pas le besoin,

Pourquoi devrais-je me forcer ?

Aucune raison,

Aucune réponse.

Ma vie sentimentale me tourmente.

Mon alimentation en est troublée.

Ma tête tente de me raisonner et mes amis me
disent de manger.

Mon ventre me crie famine.

Mais mon cœur lui,

Ressent uniquement du dégoût.

La perte d'appétit

4h du matin,
Je suis seule.
Je me sens seule.
Tu ne réponds pas.
Tu dors.
Tout le monde dort.
J'essaie de me lever de mon lit.
Ma tête tourne.
Pas assez d'heures de sommeil,
Ni de nourriture.
Je suis restée seule ici,
Dans mon lit.
Alors lorsque je me lève,
Je sens mes cuisses lourdes,
Pesant sur mes jambes.
Ma tête lourde,
Pesant sur mes épaules.
Et le cœur lourd,
Pesant sur l'estomac,
M'empêchant de manger.
Tu crois en moi.
Vous croyez tous en moi,
Sauf la principale concernée.
Je sens mes paupières lourdes.

Demain je dois me lever tôt.
Je ne veux plus rien faire.
Je veux que le temps s'arrête.
À 4h du matin, le monde semble si calme.
Tout le monde dort,
Leurs sentiments sont tous mis sur pause,
Pour du calme.
J'aimerais que ce soit tous les jours comme ça
dans ma tête.
Je préfère la nuit au jour.
Le jour, il y a les responsabilités.
La nuit, le calme,
L'amusement.
Je vis donc la nuit,
Par des insomnies.
Je fuis le soleil,
Car il fut un temps où je bronzais à son simple
toucher,
Alors qu'à présent il me brûle à chaque rayon.

La phase dépressive

J'étais en soirée avec mes amis,
Ton comportement était redevenu étrange.
Ne voulant pas y prêter attention, je n'ai pas
regardé mon téléphone de la soirée.
Puis une fois que je l'ai eu en main,
J'ai vu,
Messages,
Photos,
Elle,
Une de plus.
Me voici dans les toilettes à vomir,
Mais pas comme la dernière fois,
Pas comme la veille,
Bien pire.
J'ai vomi 5 fois au total.
À m'en brûler la gorge à la bile qu'il y avait
dans mon ventre.
Ma meilleure amie me tient les cheveux,
Pendant que je tente désespérément de t'appeler.
Et tu me réponds par message que tu n'as pas le
temps.
Ne supportant plus et ne pouvant plus attendre,
J'ai pris la décision de te quitter.
Tu t'es adouci.

Nous avons pu parler.
Tu t'excuses pour tout le mal que tu causes.
Et je te dis à quel point j'avais espoir.
Mais il faut savoir se sortir du fond du trou,
Avant d'y être trop entraîné.
Tu dis qu'il n'est peut-être pas trop tard pour
que je me sauve,
Que je suis une femme forte.
Tu me demandes de garder précieusement tes
affaires et de te promettre que jamais je ne
t'oublierai.
J'avais juste besoin de ta présence,
Ne voulais pas en arriver là.
Il est 11h, je n'ai pas dormi de la nuit,
Beaucoup trop dur de trouver le sommeil.
Je pense,
Je cogite,
Ma raison a pris le dessus sur les sentiments,
Et la dépendance.
Mes amis me disent que j'ai fait le bon choix,
Le cœur lui,
En panne,
En attente,
Plus en demande.

Il regardera les gens passer,
Et se demandera pourquoi tu ne reviens pas,
Car on sait tous les deux,
Que tu ne reviendras pas,
Ou du moins pas meilleur.

La fin de la relation

Nous nous sommes vus pour nous rendre nos
affaires,
Dispute de trop,
Je t'ai balancé ton sac,
Puis tu es parti.
Tu t'es énervé,
Pas comme d'habitude.
Je t'ai dit que tu me dégoûtais,
Que je m'étais lassée.
Dispute de trop,
Les mots de trop certainement.
Tu m'as plaqué contre le mur,
M'attrapant violemment chaque fois que
j'essayais de partir.
Puis tu m'as frappée.
D'habitude, nos disputes étaient violentes,
À se pousser et se secouer.
Mais tu m'avais juré,
Et je t'avais cru,
Que tu n'étais pas capable de frapper une
femme.
Et je t'aimais,
Mais je ne t'aime plus.
Toi qui me dis être amoureux,

Et qui me traites pourtant de traînée en me
frappant.
Tremblante,
J'étais.
J'essaie de partir,
En vain.
Je rigole de nerf,
Cela t'énerve encore plus.
Je veux que tout s'arrête.
Tu pleures,
Tu cries.
J'essaie de partir,
Tu me retiens,
Hurle,
Me frappe à nouveau.
Tu finis par te calmer.
Je te dis que c'est trop.
1h s'écoule et nous parlons.
Tu ne veux pas partir,
Tu ne veux pas rentrer,
Pitié, laisse-moi.
Apaise mon cœur,
Je sens déjà une douleur à la tête.
Ce n'est plus sentimental,

Ni mental,
C'est physique.
Tu m'as bousillée mentalement,
Physiquement,
Et m'as tuée de l'intérieur comme de l'extérieur.
Tu as pris ce qu'il restait de moi,
Et tu as tout broyé sans peine.
Tu t'excuses maintenant par message,
Des tonnes d'excuses,
Me dis que encore une fois tu n'étais pas toi-
même,
Mais c'en est trop.
Tes mots je ne les crois plus,
Tu me fais peur,
Tu me dégoûtes,
Je ne te veux plus,
Je ne t'aime plus,
La personne que tu es devenue n'est plus celle
que j'ai connue,
Peut-être as-tu dévoilé ton vrai toi.
De qui suis-je tombée amoureuse ?
Certainement pas de toi.

La dispute de trop

Vide,
Assise dans la cuisine,
Chez mon amie,
Chez moi,
Ou encore en cours,
Je regarde le vide,
Je ressens le vide,
Mon esprit n'est plus stressé,
Ni nerveux,
Ni heureux,
Je suis uniquement remplie de vide,
Suivi de trous de mémoire.
Il y a bel et bien des pertes d'émotions,
Positives et négatives,
Elles sont parties en même temps que mes
sentiments pour toi,
Elles les ont embarquées de force dans leur
voiture,
Verrouillant les portes,
Et sont parties à toute vitesse.
Étonnamment,
Même avant l'embarquement,

Je savais,

Mais je n'avais déjà plus la force.

Rattraper cette voiture, à quoi bon ?

Lorsque ma colère prend le dessus par tes actes,

Tout ce qui peut suivre ne peut pas être positif,

peu importe les efforts.

Je trouverai toujours quelque chose,

Mais à toi de gérer ça.

Malheureusement pour nous,

Au lieu d'essayer de le gérer,

Tu as tout aggravé à chaque fois.

Je t'ai laissé du temps et des chances,

J'ai fait une pause et t'ai quitté,

En vain.

Je n'ai plus de solutions à nous.

Tu penses que tout finira par s'arranger,

Mais nous ne sommes pas dans un conte de fée.

Sans tes efforts, nous n'irons pas mieux,

Même séparés.

Quand je parle de toi, je parle de nous,

Instinctivement,

Même si je ne sais plus ce que je ressens.

J'avais réussi à retrouver l'appétit l'espace de 2 jours.

Malencontreusement,

comme d'habitude,

les vomissements sont réapparus d'un coup.

Il a suffi d'un événement en rapport avec toi,

un ajout d'une nouvelle fille d'un site de rencontre

« pour voir qui c'était »

et me voici à vomir 4 fois dans la même soirée.

Alors évidemment, tu me rassures,

me dis que tu es là,

mais où es-tu vraiment ?

Sur ton téléphone,

sur la conversation,

mais qui m'assure que tu ne rassures pas une autre ?

Qui peut me promettre que tu n'en complimentes pas encore une autre ?

Des pensées et encore des pensées.

Tu me dis que tu ne vois que par moi,

que tu es fou de moi.

Tes actes, eux,

me rigolent au nez,

pendant que tes mots tentent d'attraper tes actes
afin de leur faire prendre conscience qu'ils sont
repoussants.
Je vomis encore ce soir,
comme j'ai vomi hier,
et sûrement comme je vomirai demain.
J'essaie de prendre du temps pour moi,
compliqué,
beaucoup de choses à faire,
et ma santé mentale et physique à gérer,
tout ça seule.
N'inquiéter personne est la première chose à
faire.
À part des reproches et des « sois forte »,
comment comptent-ils s'y prendre ?
Personne n'a de solutions.
« Le temps fera les choses. »
Espérons

Tu as répondu à toutes mes questions.
Tu as bloqué mon numéro sans trop de raisons.
Mon cœur palpite dans l'incompréhension.

Nous nous sommes disputés hier.
Tu m'as dit que nous en parlerions plus tard.
Puis, « utilisateur introuvable » sur les réseaux.
Mes messages ne s'envoient plus.
Le vide.
Le silence.
Je ne sais plus quoi faire.

J'en parle à mes amis.
Tous se réjouissent, car ils savent le mal que tu
m'as fait,
le soulagement qui s'en suivra.
La seule qui ne se réjouit pas, c'est moi,
puisque je veux comprendre.

Ton amie m'a envoyé un message
afin de me dire ce que toi,
tu n'as pas eu le courage de me dire,
mais qui expliquait tout.

Disant que tu ne m'aimais plus depuis un
moment.
Tout s'assemble dans ma tête.

Elle disait plusieurs choses sur nous et sur toi,
mais ce qui m'a le plus marquée fut :
« Il ne t'aime plus depuis un moment. »

Ce qui m'a blessée,
ce n'est pas seulement ta facilité à m'éjecter de
ta vie,
mais ta façon de fuir,
d'envoyer tes amis me dire des choses aussi
importantes
à ta place,
comme si tu avais peur de mes réactions.

Pourtant,
tu m'as renvoyé un message,
t'excusant de tout le mal que tu m'as fait,
me demandant de prendre soin de moi.

Je t'ai répondu que tu aurais simplement dû me
dire

que tu ne m'aimais plus.
La fin aurait été plus rapide.

Tu m'as écrit un « au revoir ».
Je t'ai écrit un « adieu ».

Voilà comment se termine l'histoire.

THE END

Je réussis à nouveau à manger.
Je dors paisiblement.
Tu ne me manques plus au réveil.
Je ne serre plus ta peluche contre moi.
Je parle à de nouvelles personnes.

Et je reparle en secret à celui
à qui j'adressais mes premiers poèmes.
Celui avant toi.

Nous avons prévu de nous voir ce soir.
Il viendra me chercher et nous irons chez lui.

Le sauras-tu ?
Je ne sais pas si je me sentirai coupable.
Je ne le saurai qu'après.

Que fais-tu pendant ce temps ?
Mon imagination est vide en t'imaginant.
Peut-être es-tu avec tes amis.
Peut-être seul chez toi.
Peut-être avec une autre.

Vide.
Ton cœur restera vide.
De sentiments pour moi.
Il a été vidé.

Apparemment, tu es passé à autre chose.
Cela ne fait pourtant qu'une semaine.
Mais je suis culottée.

Je passe aussi à autre chose.
Sans trop le vouloir.
Mon cerveau, petit à petit, oublie.
Et **il** est revenu,
donc je n'ai plus le temps de penser à toi.

Les Retrouvailles

Il est venu me chercher.
Nous sommes allés chez lui.

Cette maison.
Ces souvenirs.
Si étrange.

Ouvrant son frigo, il fait tomber le plat de
tomates.
Je lui dis alors que ma présence le chamboule
tellement
qu'elle lui fait faire des gestes incontrôlés.

Nous rigolons,
parlant des tomates,
disant qu'elles sont déboussolées de me voir ici.

Il me fixe,
me disant qu'il est perturbé de me revoir.
Sans mentir,
moi aussi.
Tous les deux,

On pensait que c'était fini.
Pourtant,
Nous voici sur son lit.

Nous parlons de tout,
Comme nous parlions avant.
Puis, nous parlons de **nous avant**.

Il me dit qu'il voulait revenir quand **tu** étais là.
Il n'osait pas.
Qu'il m'a beaucoup aimée.

Je ne m'attendais pas à cet aveu de sa part.
Puis il m'embrasse,
Et les choses dérapent.

Le voici sur moi.
Pas besoin de détailler la suite,
On la connaît tous.

Entre-temps,
comme à notre habitude,
nous faisons des pauses,
où nous parlons comme si de rien n'était,

puis reprenons naturellement.

Une fois terminé,
il me demande si je veux qu'il me ramène.
C'est comme **il veut**.

Mais il me dit que c'est **comme moi, je veux**.
Alors, indécis pour moi,
et bienveillant pour lui,
nous passons dix minutes à nous demander
comment je vais rentrer,
et à dire « comme tu veux ».

Nous prévoyons déjà de nous revoir.
J'ai déjà hâte d'être samedi soir.

Je t'ai croisé.
La personne de trop en nous étant avec toi.

Je ne t'avais pas revu depuis bien longtemps.
J'ai provoqué.
Ça a encore eu lieu.

Une dispute.
Des mots.
Des coups.

Elle nous regardait.
Tout le monde nous regardait.

Tu m'as hurlé dessus,
assumant m'avoir trompée avec elle.
Même si je le savais depuis un moment.
Que celle avec qui tu étais actuellement,
était là quand **j'y étais aussi**.

Près-sentiment causant mes vomissements.
Tu me disais que ça passerait.
Quand j'ai su pour vous deux,
j'ai compris.

Quand tu as assumé,
ça m'a tout confirmé.

Tu t'éloignais de moi,
te rapprochant d'elle.
Tu as choisi un chemin
différent de celui que j'imaginais.

On m'avait déjà remplacée.
Pendant ou après la relation.
J'y suis finalement habituée.

L'être le plus aimant
peut devenir le plus blessant
en un court instant.

La rage que j'ai vue dans tes yeux
a remplacé l'amour
que tu me portais autrefois.

Que je n'ai finalement peut-être
jamais vraiment connu.

Qui sait ?

Les coups ne sont pas aussi violents
qu'autrefois.
Moins de haine.
Le temps nous a apaisés.
Juste un peu.

Tu pars sans te retourner.
Je comprends que ça n'a servi à rien.

Si je te recroise,
je ferai comme si je ne t'avais jamais connu.
Puisque nous sommes destinés
à redevenir des inconnus.

À table

Mémé claque des dents

À table

J'observe les mouvements de bouche de Pépé

À table

Tonton parle fort de sa journée de travail

Mémé fait claquer son dentier en mâchant les aliments

Pépé, quant à lui, mange la bouche ouverte

Tonton, lui, se lèche les doigts après avoir fini sa cuisse de poulet

J'observe avec des gros yeux chacun d'entre eux

Je ne supporte ni leurs habitudes

Ni ce qu'ils font en ce moment même

Pas un agacement

Une vraie phobie

Incurable

Alors

Pour une fois, je leur en parle

Un gros silence s'installe

Pépé me regarde et me dit que c'est encore une maladie inventée par les jeunes de mon âge

Mémé le stoppe

Rappelant que Tonton a eu les mêmes pensées et
pulsions à mon âge
Tonton m'en parle, alors je me reconnais en ce
qu'il explique
Un son trop fort
Des bruits de bouche
Des tapotements répétitifs
Des bruits de salive
Parler trop fort
Parler en même temps
Touiller le sucre de son café en faisant cogner la
cuillère contre la tasse
L'extrême sensibilité au bruit
Parasite
Pas de colère
Des envies de meurtre
Je me mords le poing pour éviter de tout lâcher
Je tremble
Ça en devient incontrôlable
Tonton m'explique que pour lui, ça s'est atténué
avec le temps
Liée à l'anxiété chronique

Une nouvelle année
Pourtant toujours pas d'évolution
On s'y attend
On s'habitue
Et on dédramatise
Schéma continu
Chaque fois
Des luttes contre
Des affiches partout
"Il faut en parler", disent-ils
Pourtant, souvent
La meilleure solution est de faire justice soi-
même
Nous sommes les propres héros de nos vies
Quel intérêt auraient-ils à nous défendre ?
Tout ça ne sont que des mensonges
Jamais été aidé
Cinq ans à subir des coups et des moqueries à
l'école
Différents discours
Un seul et même résultat
L'indifférence
Pénible
Perte de patience

Tout ça, rajouté à mes troubles
Mauvais mélange
Violence physique seulement sera utilisée
Les gens qui font ça sont mauvais
Injustes
Je déteste l'injustice plus que tout
Je ne laisserai plus passer
Cette fois-ci
Bien la dernière

Harcèlement

Madame la psychiatre, que devrais-je faire ?
Elle sait tout ce qu'il se passe dans ma tête
Me disant qu'elle ne me donnera pas ces
médicaments
Elle sait que je les prendrai pour en faire
d'autres usages que me soigner
Elle avait raison
9 janvier 2024
Journée habituelle
Mais cette fois-ci, j'ai décidé de la changer
10 anxiolytiques
4 somnifères
De l'alcool
J'y étais presque
Black-out
Je me réveille
Ne me souvenant de rien
Voyant une bassine de vomi à côté de moi
Ma grand-mère me fait un câlin
Tremblante
Me demande si je vais mieux
Je ne comprends pas
Mon copain m'appelle
Il m'explique

Et je reste là
Sans bouger
À me dire que ça a failli marcher

La tentative ratée

Incessante idée

Toujours trop ou pas assez

Trop grosse

Trop mince

Trop émotive

Trop vide

L'idée que je ne peux plaire à personne

En étant trop

Ne me quittera jamais

Pour moi, toute cause, quelle qu'elle soit

Synonyme de rejet

Qui pourrait rester ?

Attaché ou impliqué

Sans s'intéresser à quelqu'un d'assez

Pour au final me remplacer

Ou simplement se désintéresser

Si cause de désintérêt

J'aurais besoin de changer

Pour prouver que je méritais quelqu'un qui
pensait à rester

Je ferme les yeux

Imaginant ce que ma vie aurait été si j'avais fait
des choix différents

Des larmes me viennent en pensant à tout ce que
j'ai peur d'oublier

Le passé partant

Me voici écorchée vive par les souvenirs

Nous redevenons donc tous des inconnus

Fin du lycée

Nouvelle ère

Mais j'ai si peur

Oublierai-je ce groupe d'amis ?

Qu'en sera-t-il de nos cours séchés ensemble
devant le lycée ?

Qu'en sera-t-il des rendez-vous à cet arbre à la
fin des cours pour tous se retrouver ?

De nos sorties à Marseille, rentrant au petit
matin à moitié saouls

J'ai si peur

Seule la peur me force à m'accrocher au passé

J'ai tellement aimé mes années de lycée

Comment suis-je censée avancer ?

Profitez, car la peur vous envahira comme moi

De ne pas pouvoir s'accrocher au passé pour le
garder

Mon parfum préféré ne sent plus ce qu'il sentait
hier
Mes vêtements préférés ne me plaisent plus
Mon téléphone se fait vieux
Quelques problèmes techniques
Il m'en faut un nouveau
Voilà où la surconsommation fait son apparition
Lorsque les besoins illusoires la précèdent
Besoin de toujours avoir plus que ce que l'on a
Dans l'attente d'un plus grand bonheur
Le capitalisme
Une des inventions de l'homme
La plus destructrice
Factuellement, cela nous ternit
Mentalement, cela nous apaise
Nous y sommes tous confrontés
À notre plus grand regret

Phénomène sociétal

19h24
Un lundi soir
À bord de ce TER
Je rentre chez moi
Tout est flou
Imperceptible
Je prends encore les mauvaises décisions
Par pulsions
Avec regrets
Car ce ne sera jamais
Ma raison
Qui décidera de ce que je fais
Alors j'écris
Je ne fais qu'y penser
Des mots sur des plaies
Ne peuvent les effacer
Je pense à toi
À tout
Sans arrêt
À qui ?
À vous
Pas sous mes yeux
Dans le passé
Et je reviens

Ou vous revenez
Et j'accepte le retour
Sans trop penser
Penser à ce qui a été fait
À ce que certains pourraient dire
À ce que j'ai ressenti lors de l'éloignement
Ou encore la cause
Je n'arrive pas à instaurer
Cette rancœur
Que je m'efforce d'éprouver
Pour finalement
Encore une fois
Laisser passer
Je vois,
J'entends,
Je sais,
Je sens
Des voix
Ou chuchotements
Le début de la folie ?
Le commencement
Certains diront que je suis folle
Mais je me sens observée
Une simple constatation

Sur de réels faits

Trop de pensées

Passent et s'effacent

Dans le coin de mon œil

Ça me tracasse

Dans le coin de mon esprit

Comme sur une glace

Le reflet de cette pensée qui prend place

Derrière

À côté

Jamais trop loin de moi

Je perçois des ombres

J'entends leurs voix

Et je ne saurais dire si c'est réel ou le fruit de
mon imagination

J'ai peur d'en parler

Elles

Elles me parlent parfois

Elles m'appellent

Reste à savoir si elles sont bien réelles

6h46

Assise dans un TER à destination d'un endroit
qui ne me correspond pas
Assise à côté de personnes allant à destination
d'un endroit qui ne les épanouit pas
Je ne veux pas devenir celle-ci
Je sens bien mes différences
Mon écart avec la société
Je suis plus que ça
Réduite à ça
Uniquement ?
Jamais
Pas mon souhait
Faire du 8h-18h à remplir des papiers
Pour gagner une misère
Ce n'est pas pour moi
Je préférerais finir ma vie
Derrière les barreaux
Plutôt que derrière un bureau
Les études supérieures ne dupent personne
À part ceux qui les pratiquent
Car oui, cela n'ouvre aucune porte
Si l'on n'a pas un peu de chance
Un petit coup de pouce de la vie

Ou des talents que d'autres n'ont pas
Non
Nous ne sommes pas utiles
Je ne veux pas être de celles-ci
Celles à qui on a refusé un emploi alors qu'elles
ont sacrifié leur rêve
Je veux être de celles
Qui refusent un emploi pour exaucer son rêve
Devenir écrivaine

Aurai-je le courage ?
Publier mes mots
Toutes mes pensées
Sans doute
Si vous lisez
Je l'ai fait
J'y suis arrivée

Merci de votre attention.

© 2024 kelly HAVARD

Édition : BoD · Books on Demand,

31 avenue Saint-Rémy, 57600 Forbach,

bod@bod.fr

Impression : Libri Plureos GmbH,

Friedensallee 273, 22763 Hamburg (Allemagne)

ISBN : 978-2-3225-7480-3

Dépôt légal : Avril 2025